W0387512

Catherine Grive

Nous, les enfants de 1959

De la naissance à l'âge adulte

Éditions Wartberg

Mentions légales

Crédits photographiques :

Archives personnelles de l'auteure, pp. 4, 5, 7, 9, 12, 14, 15h, 21-23, 24h, 25-26, 30, 32, 33, 40, 44h, 46-47, 48h, 50, 52, 58, 61.
Photo couverture © Carole Bellaïche.
© picture-alliance / dpa, pp. 10, 16, 28, 42, 44h, 55, 56, 60 ;
picture-alliance / KPA, pp. 15b, 20, 48b ; picture-alliance / ZB, pp. 6, 8, 54 ;
picture-alliance / Image source pp. 11 ;
picture-alliance / imagestate / spectrum, p. 13 ;
picture-alliance / united archives, pp. 17, 29, 39, 53 ;
picture-alliance / Okapia KG, Germany, © Jean-Louis Blanchet, p. 31 ;
picture-alliance / Dpa Fotografia, p. 36 ; picture-alliance / dpa Sportreport p. 41.
© Ullstein bild - Werner Otto, pp. 24b, 37, 59 ; Ullstein bild – iT, p. 27 ;
Ullstein bild – dpa, p. 43 ; Ullstein bild – Oskar Poss, p. 57 ;
Ullstein bild - Gert Kreutschmann, p. 62.
© Roger-Viollet, pp. 18, 19b, 34, 35, 45 ;
© Bernard Lipnitzki / Roger-Viollet, p. 19h.

Nous remercions tous les ayants droit pour leur aimable autorisation de reproduction.
Dans le cas où l'un d'eux n'aurait pu être joint, une provision de droits est prévue.

2e édition, 2011

© 2011, Éditions Wartberg
40, rue de l'Échiquier
75010 Paris

Un département de
Wartberg Verlag GmbH & Co. KG
Im Wiesental 1
34281 Gudensberg-Gleichen
Allemagne

Tous droits réservés pour tous pays.

Conception graphique : Ravenstein & partenaires, Verden.
Imprimé en Allemagne par Thiele & Schwarz, Kassel.

ISBN : 978-3-8313-2559-7

Préface

Chers enfants de 1959,

Naître en 1959, l'année de naissance de la poupée Barbie, de la mort de Gérard Philipe, de la scolarisation obligatoire jusqu'à seize ans ; assister en grandissant à la naissance de la télévision, aux premiers pas sur la Lune, à Mai 68, à l'arrivée de la pilule : voilà qui fait des adultes que nous sommes devenus, des êtres forcément sensibles et singuliers, ouverts au changement et à la différence.

Derniers enfants du baby-boom, notre vie quotidienne, animée par l'idée de progrès, a considérablement changé. Nous avons connu les Balzac 00 01 (Jean Mineur), la télévision en noir et blanc, les 4L, les films super-8, les 45 tours, les scoubidous, les berlingots Dop, la plume Sergent Major, les œufs mimosa…

Des morceaux de ce qui fait une époque, les grandes choses, les accessoires, les ombres quelques fragiles détails, sont contenus dans ce livre forcément incomplet. Une quantité de petits fantômes enfantins qui font l'ordinaire de nos jours, le commun des moments. Un voyage dans le temps avec toutes sortes d'éclats et des périodes plus sombres. Une mémoire qui regrette certains trésors disparus, comme les beaux buvards, les œufs en bois pour repriser les chaussettes, les sucriers taillés façon diamant, les stylos à réservoir offerts aux premières communions ou le silence dans les classes, dans la rue.

En fouillant mes souvenirs, je me dis que le plus beau jour de ma vie pourrait bien se trouver quelque part dans ces riches années soixante-dix, durant cette période de relatif bien-être et de sécurité qu'il est convenu d'appeler le « bonheur ».

Catherine Grive

1959-1961

Quand le cercle de famille s’agrandit

81 000 bébés en 1959 !

Entre désir et frustration

1959, la guerre est loin, l’espoir d’une vie meilleure domine les esprits. Les mères sont jeunes, vingt-quatre ans en moyenne lors de leur première grossesse, et font presque trois enfants chacune.

Cette période de baby-boom, qui va s’étendre de 1945 jusqu’au milieu des années soixante-dix, est le fruit du développement des crédits, de la publicité, de la modernisation de l'industrie. De l’État providence aussi : la Sécurité sociale, le SMIG, les allocations familiales, les retraites, les congés payés, rassurent et stimulent à la fois.

Pourtant le début des années soixante commence déjà à marquer un certain déclin. Certes, les femmes veulent des enfants, mais elles rêvent aussi de choisir quand. La maternité est toujours glorifiée mais prend un autre visage.

Chronologie

3 février 1959
Ritchie Valens trouve la mort, en même temps que Big Bopper, dans un accident d'avion au cours d'une tournée aux États-Unis. Il avait dix-sept ans.

29 octobre 1959
Première apparition d'Astérix le Gaulois dans le premier numéro du journal *Pilote*.

1er janvier 1960
Entrée en vigueur du nouveau franc : l'ancien est divisé par cent. Cent francs en valent désormais un.

4 janvier 1960
Albert Camus trouve la mort dans un accident de voiture, près de Sens.

24 janvier 1960
Une partie de la population européenne résidant en Algérie manifeste son rejet de la politique du général de Gaulle en dressant des barricades.

14 mars 1960
Johnny Hallyday sort son premier 45 tours « Laisse les filles ».

14 juillet 1960
Dominici, accusé d'un triple meurtre, est gracié par de Gaulle.

16 novembre 1960
Clark Gable meurt d'une crise cardiaque.

12 avril 1961
Youri Gagarine devient le premier homme à voyager dans l'espace, réalisant une révolution complète autour de la Terre.

16 juin 1961
Rudolf Noureev « choisit la liberté » et demande le droit d'asile à l'aéroport du Bourget, alors qu'il est sur le point d'embarquer pour l'URSS.

16 août 1961
Renault lance la 4L en réponse à la 2CV lancée en 1948. Elle sera la voiture la plus vendue en France, avec 8 millions d'exemplaires.

12 décembre 1961
Marie Besnard, dite l'empoisonneuse, est acquittée à l'unanimité, au bénéfice du doute.

Le mariage, une tradition encore bien ancrée dans les moeurs.

La première pilule vient d'être commercialisée aux États-Unis. Les Françaises comprennent qu'il leur sera un jour possible d'avoir des relations sexuelles sans tomber enceintes, mais qu'il leur faudra faire preuve de patience. Rappelons qu'elles n'ont le droit de vote que depuis quinze ans et qu'elles vivent encore sous la contrainte maritale.

Symbole d'espoir, l'association Maternité heureuse voit le jour grâce au courage d'une poignée de médecins, de journalistes et de féministes. L'idée de la fondatrice, Évelyne

Johnny Hallyday sort son premier 45 tours.

Sullerot, est de « satisfaire aux vœux du couple en ce qui concerne les problèmes de la naissance, du couple lui-même et de la famille ». Elle milite activement, mais dans la quasi clandestinité, pour l'abolition de la loi de 1920. Votée pour repeupler la France au sortir de la première guerre mondiale, celle-ci assimilait la contraception à l'avortement. Le combat est difficile : l'année 1961 verra même voter la condamnation de « tout procédé contraceptif ou moyen stérilisant qui a pour but d'entraver la venue au monde des enfants », par l'Assemblée des cardinaux et archevêques de France.

En 1960, Maternité heureuse devient Mouvement français pour le planning familial, qui bénéficiera d'un fort courant de sympathie de la part de personnalités de premier plan.

En attendant l'arrivée de la pilule sur le marché, les femmes sont bien obligées de s'organiser en silence. Dans ce climat de profonde hypocrisie, 1 000 avortements clandestins sont pratiqués chaque jour. Un médecin surpris en flagrant délit risque l'interdiction d'exercer la médecine, et la prison. Les jurys populaires se montrant trop favorables aux inculpé(e)s, ce « délit » est désormais jugé au tribunal correctionnel. Toutefois, les juges sont peu nombreux à appliquer la loi à la lettre.

Cette longue période répressive qui causa la mort de bien des femmes, ne prendra fin qu'avec la loi Neuwirth de 1967 autorisant la contraception, et la loi Veil de 1975 autorisant l'IVG. Le Planning familial pourra enfin afficher haut et fort son slogan « Un enfant si je veux, quand je veux ! »... en attendant, la route est longue.

Une révolution à l'école

Pour répondre aux nouveaux besoins liés à la croissance économique, le gouvernement gaulliste mène une politique de modernisation et de démocratisation du système éducatif.
En ce sens, Jean Berthoin, ministre de l'Éducation nationale, promulgue une ordonnance, le 6 janvier 1959, qui prolonge la scolarisation obligatoire jusqu'à l'âge de seize ans. En 1881, le ministre de l'Instruction publique, Jules Ferry, avait rendu l'enseignement primaire public gratuit jusqu'à treize ans (âge porté à quatorze ans par la loi Jean Zay de 1936).
Conséquences de cette nouvelle loi, les centres d'apprentissage deviennent des collèges d'enseignement technique (CET), et les cours complémentaires de l'enseignement primaire supérieur se transforment en collèges d'enseignement général (CEG). Un cycle d'observation de deux ans (classes de sixième et de cinquième), commun à toutes les sections, est mis en place dans le but d'orienter les élèves vers l'enseignement qui leur convient le mieux, selon leur mérite et non leur origine sociale. Quatre possibilités s'offrent à eux : deux filières générales et deux filières techniques, courte ou longue dans les deux cas. Les effectifs du premier cycle augmentent rapidement.

Baptême : Catherine est un des prénoms les plus couramment attribués en 1959.

Une affaire de femmes

La grossesse et le corps des femmes sont encore des sujets tabous – la première image d'une future mère ne sera publiée qu'en 1970 dans *France-Soir*, dans une publicité pour Materna ! –, mais un nouveau regard se pose sur leurs formes opulentes. Dans une perspective nataliste, il est important que la femme enceinte soit perçue positivement.

Les grossesses sont très suivies, mais l'échographie n'existe pas : pour cela, il faudra encore attendre une dizaine d'années. À l'époque, l'accouchement est une affaire de femmes dans laquelle l'homme n'a aucun rôle à jouer. Pour participer à la naissance de son enfant, un père doit imposer sa présence.

L'accouchement commence à se pratiquer, dans l'immense majorité des cas, à l'hôpital plutôt qu'à la maison. Une campagne de santé publique allant dans ce sens est mise en place, dont les raisons sont diverses et pas toutes d'ordre médical : il y a certes les réticences du personnel médical à pratiquer l'accouchement au domicile et les craintes liées aux transferts en urgence. Mais d'autres raisons plus sociales ont également joué leur rôle : la transformation du mode de vie et de l'habitat exaltent la modernité ; certains courants féministes défendent cette médicalisation de l'accouchement comme une « prise de contrôle » de son corps par la femme grâce à la technique. Celle-ci est par ailleurs toujours ce qu'elle est : quand un accouchement se passe mal, on continue d'assommer la mère avec un masque à éther…

En décembre 1952, la presse avait annoncé l'avènement de l'accouchement sans douleur. Le docteur Lamaze et son équipe de la clinique des Bleuets venaient d'appliquer à près de cinq cents femmes une méthode d'origine soviétique inspirée de l'étude des réflexes de Pavlov – la péridurale en est encore à ses balbutiements. Mais certains médecins l'accusent de charlatanisme, ce qui lui vaudra deux procès.

Des personnalités comme Ménie Grégoire (journaliste et écrivain), Hélène Deutsch (psychiatre et psychanalyste), Geneviève Gennari (romancière), considèrent que la douleur de l'accouchement permet à une femme de se réaliser. Mais de nouvelles voix s'élèvent.

Pour s'orienter, les futures mères découvrent un livre qui fera référence dès 1956 : *J'attends un enfant*, de Laurence Pernoud. Des millions de parents vont s'y plonger au moindre pleur de leur bébé. À la demande des parents, elle entreprend très vite la rédaction de son deuxième livre, *J'élève mon enfant*.

L'éternelle question se pose : quel prénom choisir ? Les plus fréquents sont Marie, Brigitte, Martine, Catherine, Sylvie, Christine, pour les filles ; Jean, Philippe, Patrick, Michel, Alain, pour les garçons…

Les landaux ressemblent alors à des carrosses. Est-ce le culte de l'enfant-roi ?

Qu'on ne s'avise pas de goûter mon gâteau avant moi !

Babines, tétine, blédine

La révolution des « Trente Glorieuses », marquée par une augmentation spectaculaire du pouvoir d'achat, une importante croissance démographique, le passage de l'économie de la demande à celle de l'offre, et l'explosion de l'urbanisation, a des répercussions sur nos habitudes alimentaires. Nos mères adoptent peu à peu un mode de vie différent de celui de leur propre mère, et certains groupes alimentaires, comme Nestlé, cherchent à correspondre à leurs nouvelles attentes. Nestlé qui va jusqu'à affirmer la supériorité de son lait en poudre sur le lait maternel…

En ce qui concerne l'allaitement, deux courants d'idées s'affrontent. Un premier y voit le prolongement naturel de la grossesse, avec pour slogan « Le sein, c'est sain. » Mais la grande majorité des féministes françaises considèrent l'allaitement comme « une servitude épuisante ». C'est ce point de vue qui primera peu à peu ; plus des trois quarts des mamans se décident pour le biberon. Doddie et Pyrex deviennent des symboles de liberté. Et plus tard, nos bouillies Blédina auront un goût insipide…

Au grand dam de nos mères, cette révolution n'a pas encore gagné le secteur des couches-culottes. Celles-ci n'entreront dans les mœurs qu'à la fin des années soixante. Elles existent pourtant déjà depuis une dizaine d'années : on attribue leur invention à une mère de famille américaine, qui aurait créé la première en taillant un rideau de douche en plastique et en y cousant un matériau absorbant. En attendant, nos couches sont faites de langes de coton qu'on attache avec de grosses épingles roses ou bleues.

Dans nos poussettes de l'époque, contrairement à celles d'aujourd'hui où l'enfant est tourné vers l'extérieur, nous faisons face au pousseur, et cette position symbolique en dit long sur notre rapport au monde qui nous entoure. Nos premiers jouets d'éveil se limitent aux hochets, aux mobiles et aux nounours Colargol. C'est à la chanteuse Mireille que l'on doit deux 45 tours parus en 1961, racontant la vie de ce petit ourson qui « chante en fa en sol » et fera le bonheur de millions de bébés.

Autre « jouet », la tétine. Dès le début du siècle, les manuels de puériculture alignent contre elle de sinistres arguments : sale, inesthétique, contrariant l'allaitement, fatiguant le bébé, déformant la mâchoire et abîmant les dents... Au fond, on n'aimait pas l'idée que les bébés se procurent tout seuls une satisfaction physique, un plaisir indépendant de ce que les adultes décidaient de leur octroyer. Dans les années soixante, la tétine continue d'alimenter les débats, dont elle sort plutôt victorieuse, sauf dans les milieux bourgeois qui la trouvent vulgaire.

Couchés sur le ventre, comme il est alors fortement préconisé, nous écoutons nos mères fredonner des berceuses : « Maman les p'tits bateaux / Qui vont sur l'eau / Ont-ils des jambes ? » Certaines préfèrent « Dodo, l'enfant do, / L'enfant dormira bien vite / Dodo, l'enfant do / L'enfant dormira bientôt. »

La première pierre du mur de Berlin

Dans la nuit du 12 au 13 août 1961, les autorités de la République démocratique allemande (RDA), aidées de civils volontaires, dépavent à la hâte les accès routiers menant à Berlin, creusent des fossés et tendent des barbelés sur la ligne séparant la zone sous occupation soviétique de celles sous occupation américaine, anglaise et française. En interdisant la libre circulation entre les deux parties de la ville, les Soviétiques veulent stopper l'émigration des citoyens est-allemands et asphyxier économiquement Berlin-Ouest. Le Mur court sur 43 kilomètres à Berlin même, et 112 kilomètres dans le reste de la RDA. Les médias de l'Ouest baptisent spontanément cette initiative de « Mur de la honte », qui met une touche finale au « rideau de fer » dont Churchill dénonçait la mise en place dès la fin de la seconde guerre mondiale. Le Mur tombera le 9 novembre 1989, annonçant la chute du communisme en Europe et l'effondrement de l'URSS.

La construction du Mur, sous les yeux stupéfaits et inquiets du monde occidental.

Une mode apparaît dans les vêtements pour bébés, et les premières grenouillères connaissent un vif succès.

Un vent de liberté

Inventée aux États-Unis et apparue en France en 1960, la grenouillère ouverte dans le dos est une véritable révolution. Ce vêtement « grandit avec l'enfant », promet le slogan de la marque Babygro qui deviendra rapidement un nom générique. Et oser nous montrer ainsi vêtus le jour, c'est une révolution pour le moins comparable au lancement de la mini-jupe !

Nous trouvons aussi dans les tiroirs de nos commodes, la célèbre culotte créée au début du siècle par Petit Bateau, dont le nom est inspiré de la chanson *Maman les p'tits bateaux*. Dans les années cinquante, la marque a inventé l'emmanchure américaine pour faciliter l'habillement des tout-petits. Dans les années soixante, elle innove avec la bouclette éponge. C'est dans ces mêmes années que la couleur fait une apparition discrète sur la culotte : un liseré rose pour les filles, bleu clair pour les garçons.

Pour laver tout ce linge délicat, la lessive n'est plus la corvée d'autrefois, comme nous le confirmera, à sa façon, la mère Denis quelques années plus tard : « Ça c'est ben vrai ça ! » La popularité croissante des machines à laver révolutionne le marché. Persil lance Persil 59, une poudre à lessiver synthétique qui convient aussi pour les lessives en machine, suivie par Persil 65 qui répond à l'arrivée de nouveaux textiles tels que le nylon et le perlon (fibres synthétiques). Le lancement d'Omo est mémorable. C'est la première grande campagne publicitaire d'après-guerre, et même le public le moins concerné par les problèmes domestiques retient le slogan : « Omo est là, la saleté s'en va ! » – slogan que Coluche ne manquera d'ailleurs pas de railler plus tard. La concurrence est rude entre les lessiviers, et pour se

On devine tôt que le monde des adultes n'est pas simple.

tailler une place sur le marché, Procter et Gamble lancent le cadeau Bonux. Qui ne se souvient pas de l'ouverture précipitée du paquet, de l'odeur de la lessive, et de l'instant magique où nous plongions la main dans la poudre blanche pour en ressortir un petit sachet mystérieux... Ravis ou déçus, nous découvrions le paquebot *France*, une Simca Versailles, un sifflet à roulette, des boutons de manchette, une Jeep Willis, un peigne, un camion-benne, une pince à linge, une figurine Disney... Le succès est tel que l'expression « cadeau Bonux » entre même dans le langage courant !

Révolution également dans la création vestimentaire. Devenues actives, nos mères recherchent des vêtements pratiques. Pour la ville, l'ensemble tailleur-jupe est toujours de rigueur, mais la robe-sac lancée par Balenciaga en 1957 commence à s'imposer. Progressivement, les jupes qui se portaient au-dessous du genou vont se raccourcir. L'image de la femme apprêtée des années cinquante, aux formes très dessinées, s'estompe au profit d'une silhouette plus plate, plus géométrique. Le pantalon féminin commence à se porter au travail, à l'école et même lors de soirées chic ! André Courrèges lance ses premières jupes blanc argent, ses pulls moulants ornés de son petit sigle, ses bottes brillantes en PVC. Pierre Cardin propose des ensembles composés d'un pantalon ajusté et d'une veste à col montant.

Bonheur d'enfance.

Le général de Gaulle, président de la Ve République française

Le 29 mai 1958, le président de la République, René Coty, fait appel au « plus illustre des Français » pour redresser la barre. L'instabilité ministérielle, l'impuissance de la IVe République face à la question algérienne, ont conduit le régime à une crise grave. Sous pression, l'Assemblée nationale investit Charles de Gaulle le 1er juin, par 329 voix sur 553 votants. Une loi de pleins pouvoirs accorde à son gouvernement, jusqu'à la promulgation d'une nouvelle Constitution, la possibilité de publier des ordonnances pour « assurer le redressement de la nation ».
Voulue par le général de Gaulle, la nouvelle Constitution du 4 octobre 1958 modifie considérablement le rôle du président de la République. Alors qu'il n'occupait depuis 1871 qu'une magistrature d'influence, il se retrouve le personnage le plus important, à la tête de tous les organes constitutionnels, arbitre suprême de la nation.
Le 21 décembre, Charles de Gaulle est élu avec 78 % des voix au suffrage indirect. Il devient le premier président de la Ve République. René Coty aura ces mots devenus célèbres : « Le premier des Français est maintenant le premier en France. »

Renouveau démographique : le général de Gaulle réclame 12 millions de « beaux bébés ».

« Deviens ce que tu es ! »

Si l'heure n'est pas encore à l'enfant-roi, on lui fait tout de même une place toute nouvelle. Une protection sociale inédite est mise en place, pour mettre fin à l'époque où l'enfant ne représentait rien d'autre que des bras supplémentaires. Investi d'une valeur expressive, affective, il n'est plus le futur support de ses parents.

De l'enfant-roi à l'enfant-tyran, il n'y a qu'un pas...

C'est aussi cette époque qui aura vu l'introduction de la psychologie dans la relation mère-bébé. En observant, pendant la seconde guerre mondiale, des enfants placés en institution, des médecins ont constaté que malgré des soins physiques irréprochables, ces enfants présentaient de graves troubles et souffraient d'une séparation précoce d'avec leur mère. Cette découverte aura un impact considérable, prouvant l'importance de l'affectivité du bébé. Toute une nouvelle conception de la relation mère-enfant va s'instaurer, mais une fois la mère placée au centre de la vie affective de l'enfant, les pères sont de fait évincés, cantonnés à une unique fonction : incarner l'ordre social.

L'ordre... Plus l'enfant grandit, plus il est soumis à l'autorité de ses parents, de ses maîtres. Mais dans le domaine de l'éducation, on cherche aussi, et c'est nouveau, à encourager les enfants à développer ce qui est propre à chacun. Le mot d'ordre glisse petit à petit de « Obéis ! » à « Deviens ce que tu es ! »

On assiste donc à un virage incontournable dans les mentalités. Les parents considèrent désormais le bébé comme une « personne » à part entière. Il possède des racines, une histoire, des souvenirs qu'il est important de consigner dans les premiers livres de naissance, puis dans de grands albums photo. Selon le degré de créativité de nos mères, ces livres se borneront à restituer objectivement les grands événements – poids à la naissance, premiers pas, rentrée scolaire, communion – , ou foisonneront d'anecdotes

Où l'on croit encore au Père Noël.

Les pères construisent des maisons de poupées pour leurs petites filles.

croustillantes qu'elles ne manqueront pas de nous servir à l'adolescence – de préférence, malgré nos joues cramoisies, le jour où nous leur présentons notre premier flirt...

La mort du Cid

Ce 25 novembre 1959, au deuxième étage du 17, rue de Tournon à Paris, le Cid repose. Il est allongé sur son lit vêtu de sa tenue de grand d'Espagne dans laquelle il a demandé à être enterré. Il est enveloppé d'une cape rouge dont le col évasé retombe autour du cou comme des feuilles de nénuphar. Une orchidée a été posée sur son cœur.
Fauché par la maladie à trente-sept ans, en pleine gloire, Gérard Philipe vient d'entrer dans la légende.
Révélé au public en 1945 dans son interprétation de Caligula *d'Albert Camus, il accède à la célébrité en jouant dans les films* Fanfan la tulipe, Les Belles de nuit, Le Diable au corps, Les Liaisons dangereuses, Les Aventures de Till l'espiègle.
Entré au Théâtre national populaire de Jean Vilar en 1951, il remporte de nombreux succès à Paris, en tournée, au festival d'Avignon, en jouant un répertoire classique et en mettant lui-même en scène plusieurs pièces d'Alfred de Musset ou d'auteurs contemporains. À travers ses films, ses choix d'une culture populaire et ses engagements politiques, cet acteur surdoué a porté les espoirs de nombreux jeunes gens du début de ces années cinquante. « La mort a frappé haut », a dit Jean Vilar le jour de sa disparition.

Gérard Philipe dans Les Amants de Montparnasse.

1962-1964

Les premiers apprentissages

Le difficile apprentissage de la vie en collectivité.

Vive la maternelle !

Trois ans, il est temps d'entrer à l'école maternelle. Les classes sont parfois situées au rez-de-chaussée de la mairie. On ne parle pas encore de grande et de moyenne sections.

Jusque-là, elle était plutôt réservée aux classes sociales moyenne et populaire. Mais les Français font de plus en plus souvent appel aux institutions collectives pour nous garder et nous éduquer, et on assiste à l'arrivée d'enfants d'origines sociales plus bourgeoises.

Une journée de classe suit toujours le même déroulement : après avoir enfilé des patins pour ne pas salir, nous dessinons, jouons, apprenons à nous tenir droit et à « ne pas coucher la tête sur le bras gauche ». Et à quatre heures vient « l'heure des mamans ».

Chronologie

8 février 1962
Les CRS chargent des manifestants pour la paix en Algérie, qui s'engouffrent dans une bouche de métro fermée, station Charonne. Neuf personnes meurent écrasées contre les grilles.

18 mars 1962
Les négociations concernant l'issue du conflit franco-algérien aboutissent à la signature des accords d'Évian.

28 avril 1962
La Guerre des boutons, d'Yves Robert, sort au cinéma.

11 juillet 1962
Les Français assistent à la première émission en « mondovision ». Au programme : une émission de variétés avec Yves Montand à New York.

12 juillet 1962
Les Rolling Stones donnent leur premier concert à Londres.

22 août 1962
Le général de Gaulle échappe de justesse à un attentat manqué de l'OAS au rond-point du Petit-Clamart.

5 octobre 1962
Les Beatles sortent leur premier single « Love me do » en Angleterre, qui atteint au mois de février suivant la première place du hit-parade.

15 juin 1963
Le premier hypermarché français (Carrefour) ouvre ses portes à Sainte-Geneviève-des-Bois.

28 août 1963
Martin Luther King prononce devant 250 000 personnes son discours « I have a dream », considéré comme l'un des plus marquants de l'histoire de l'humanité.

11 octobre 1963
La Môme Piaf s'éteint à Cannes, le même jour que son ami Jean Cocteau.

25 février 1964
Cassius Clay devient champion du monde de boxe et prend le nom musulman de Mohamed Ali.

12 juin 1964
Nelson Mandela est condamné à perpétuité. Il sera libéré vingt-sept ans plus tard par le président sud-africain Frederik De Klerk.

19 décembre 1964
Jean Moulin entre au Panthéon. André Malraux, dans un vibrant discours, rendra hommage à l'ancien chef du Conseil national de la Résistance ainsi qu'à tous ceux qui ont lutté contre l'occupation allemande.

Édith Piaf.

Parfois, on joue avec de la pâte à modeler Play-Doh. Ces petits pots jaunes avec leur couvercle de la couleur correspondante ont une délicieuse odeur. Les plus téméraires lui découvrent un petit goût salé pas désagréable. La maîtresse nous lit des contes, *Boucle d'or*, *Michka*, *Le Chat botté*…

À partir des années soixante, les travaux de Piaget vont sensibiliser les éducateurs à l'importance de l'action chez le jeune élève. Une pédagogie à base de « projets » voit le jour. Désormais, l'accompagnement de l'enfant dans sa propre construction prend le pas sur la seule notion d'apprentissage. Deux valeurs deviennent essentielles : l'organisation autonome et la coopération.

Sheila chante à la radio « Mais oui, mais oui, l'école est finie. » Pour nous, elle ne fait que commencer.

La mort de Marilyn

En 1962, Marilyn est fatiguée, déprimée. Elle est encore liée par contrat à la Fox pour un dernier film. Même si le scénario n'est pas terminé et que son réalisateur, George Cukor, la méprise depuis le tournage cauchemardesque du Milliardaire, *Marilyn signe pour* Something's got to give. *Le 5 mars, elle reçoit pour la seconde fois le Henrietta Award aux Golden Globes, en titubant tant elle est ivre.*
Son dernier tournage se révèle chaotique. Elle oublie son texte, disparaît à de nombreuses reprises, par exemple pour assister à l'anniversaire de Kennedy et interpréter, dans sa robe-fourreau en gaze de soie blanche parsemée de strass, cousue à même son corps, le célèbre « Happy Birthday, Mister President ».

Le samedi 4 août, on la retrouvera gisant nue sur son lit, le combiné du téléphone à la main, la porte de sa chambre fermée de l'intérieur, des boîtes de pilules sur sa table de nuit. Sa mort ne sera jamais vraiment élucidée.

Marilyn et Montand à Hollywood, un couple qui fait rêver l'Amérique et la France entière !

Petites – toutes petites – fenêtres sur le monde

La télévision est encore discrète. On la regarde peu : seul un ménage sur huit la possède, et les programmes ne durent que quelques heures par jour.

À son arrivée chez nous, nous lui réservons un accueil triomphal. Le *living-room* est réorganisé autour d'un nouveau meuble, le canapé.

À partir de 1963, deux chaînes cohabitent, la première et la deuxième. La mire à quadrillage, avec le nom de la station au centre, s'affiche souvent jusqu'à midi. Parfois les programmes se grippent, l'image se brouille, le son cafouille. Alors, un petit train vient traverser l'écran, faisant suite à la déclaration de Catherine Langeais ou de Jacqueline Joubert : « Veuillez nous

Catherine Langeais et Pierre Sabbagh en 1970.

excuser de cette interruption indépendante de notre volonté... » Chacun des wagons porte l'élément d'un rébus à découvrir. Le train termine sa course champêtre à la gare de... La Solution ! En 1963, il devient le « petit train de la mémoire » : dans le même décor, il nous faut reconstituer un dessin à partir des morceaux disposés sur les différentes voitures.

Le soir, le journal télévisé présenté par Georges de Caunes commence à 20 heures précises, et une fois par mois depuis le 9 janvier 1959, un magazine d'actualité est proposé le vendredi à 20 h 30. C'est « Cinq colonnes à la une ». Assis sur le canapé, les grands suivent attentivement les échanges entre Pierre Lazareff, Pierre Dumayet et Pierre Desgraupes.

Les programmes pour enfants en sont encore à leurs balbutiements, mais le 10 décembre 1962, nous voyons apparaître, médusés, un drôle de nounours à la voix grave qui vient nous raconter une histoire avant de remonter sur son échelle, alors que tombe en pluie une poignée de sable doré – la poudre de sommeil. « Bonne nuit les petits » ouvre alors la très longue carrière (568 épisodes de 5 minutes) de Nicolas et Pimprenelle. Le 5 octobre 1964, c'est au tour du « Manège enchanté » d'arriver sur nos écrans. Cette série met en scène le manège du père Pivoine sur lequel s'amuse la petite Margotte. Zébulon, un personnage monté sur ressort, la transporte grâce à une formule magique, « Tournicoti... Tournicoton... », au pays du Bois Joli. Elle y retrouve ses amis : Pollux le chien au fort accent écossais, Azalée la vache,

Regarder la télévision est encore un moment exceptionnel.

« Love me do », le premier 45 tours des Beatles, rencontre un franc succès.

Ambroise l'escargot. Un éveil tout en douceur à la vie et au monde, entrecoupé parfois par les aboiements d'un drôle de cabot : Rintintin. Les États-Unis commençaient déjà à assurer notre éducation télévisuelle…

Pour nous distraire, ma mère met parfois un disque. Salvador chante « Minnie petite souris », Gérard Philipe raconte l'histoire mythique de *Pierre et le loup* ou du *Petit Prince*. Captivés, nous ne percevons pas les craquements

France Gall et Sylvie Vartan
n'ont qu'à bien se tenir !

du Teppaz, cet électrophone logé dans une petite valise qui connaît un immense succès, en particulier les modèles Oscar ou Octave.

À la radio, Hugues Aufrey chante « Santiano », Claude François, « Belles, belles, belles », Dutronc rêve d'avoir les fesses en l'air... Et puis, le soir du 19 janvier 1964, un groupe anglais entame sur Europe n°1, un air qui commence par « Hey, Jude... » C'est un choc.

Fin de la guerre d'Algérie

Le 19 mars 1962, à midi, prend officiellement effet un cessez-le-feu qui met fin à huit ans de guerre en Algérie. La veille, le gouvernement français a cédé ses pouvoirs sur l'Algérie et le Sahara au gouvernement provisoire de la République algérienne.
Le 26 mars à Oran, des tirailleurs algériens de l'armée française font plus de cinquante morts parmi une foule de manifestants européens protestant contre le bouclage de leur quartier, ce qui accélèrera la fuite des pieds-noirs et des juifs sépharades vers la France.
Un double référendum vient bientôt conforter cette décision. Le 8 avril, les Français de métropole approuvent à plus de 90 % le choix du général de Gaulle. Le 1er juillet, les Algériens se prononcent encore plus massivement pour l'indépendance de leur pays. Le 4 juillet, Ahmed Ben Bella devient président de la nouvelle République. Les combats et les massacres se prolongeront pourtant jusqu'au 3 juillet.
La vie politique française sera longtemps marquée par les séquelles de cette guerre non déclarée, qui aura tué environ 27 000 Français et plusieurs centaines de milliers d'Algériens.

Jours pluvieux, jours heureux ?

Nous voilà encore à l'âge où nous ne savons pas lire. Le soir, notre mère nous lit une histoire : *Le Petit Chaperon rouge*, *Les Trois Petits Cochons* (Naf Naf, Nif Nif et Nouf Nouf), *Babar*... Un nouveau personnage apparaît, imaginé par René Goscinny et illustré par Jean-Jacques Sempé : le petit Nicolas.

Peu de jouets. Des petites voitures sur les damiers en linoléum de notre chambre. Les bandes blanches sont les routes, les carrés bleus des piscines ou des lacs. La sensation de la surface froide et lisse sous nos ventres nus qui dépoussièrent le sol est inoubliable. Une toupie, tenant captif sous une cloche transparente un petit train qui tourne, tourne, tourne encore, nous ravit.

Les garçons jouent aux Lego, aux jeux de construction, aux petites voitures Norev ou Joustra qui représentent au 1/43 des Simca Océane, des Renault Dauphine, des 203 Peugeot... Et les filles, à la poupée. Poupées de cire, poupées de son ? Poupées de plastique. Hautement inflammable, le celluloïd vient d'être interdit. Parfois, caché sous la robe de voile rose, un anneau. En le tirant, la poupée se met à rire et à parler.

Pour nous permettre de partir en vacances avec notre progéniture, Bella crée une poupée de poche. Nous faisons aussi mine de coudre comme maman avec notre machine à piles Ma Cousette.

En famille, le dimanche après-midi, nous jouons aux dominos. Celui des autos ou des associations d'idées.

Dans les squares, nos mères retrouvent leurs amies, et nous les nôtres. Parfois aussi, nous sortons seuls jouer dans la rue. En 1963, un conseil de la prévention routière prévient pourtant qu' « il est interdit de jouer sur la chaussée »...

Dès les premiers beaux jours, nous partons pique-niquer en emportant des sandwiches soigneusement

Les premiers livres lus seuls.
Promesses de merveilleuses rencontres, d'évasions prodigieuses...

Déjà la mode des mini-jupes !

Les pique-niques, chaque fois une aventure en miniature.

beurrés avec une tranche de jambon d'York achetée coupée fine à la machine à jambon (et non par quatre sous emballage plastique) ; du fromage à tartiner La Vache qui rit ; un paquet de petits-beurre et le quatre-quarts de la veille. L'eau du robinet est emportée dans une bouteille de limonade à bouchon étanche. Il ne serait venu à l'idée de personne de boire de l'eau minérale, réservée aux malades et aux snobs. Le repas, enveloppé dans un grand torchon noué, et pas dans du papier d'alu, est soigneusement rangé, avec des serviettes et des gobelets en plastique dur non jetables, dans un panier en osier que maman garde entre ses pieds à l'avant de la voiture.

On va au zoo aussi, à la ménagerie du Jardin des Plantes par exemple. Dans ces années-là, on commence à dénoncer le pillage du Tiers Monde, et par la même occasion les zoos, réputés irrespectueux de la nature et des animaux, ce qui conduira l'Unesco à proclamer quelques années plus tard la Déclaration universelle des droits de l'animal.

Vive les vacances !

Tout doucement, prendre des vacances devient la norme et, à cet égard, la France se divise en deux camps : ceux qui préfèrent la mer et ceux qui préfèrent la montagne. À l'exception de quelques aventuriers, personne ne connaît encore la Grèce ou le Maroc.

La 204 Peugeot blanche, une des voitures les plus vendues en France malgré les trois mois d'attente.

Les trajets se font souvent en train. Les photos des paysages de France accrochés dans les compartiments donnent déjà un avant-goût de l'inconnu. Les voyages sont longs, mais les fenêtres s'ouvrent encore et, tandis que défile lentement le paysage, on peut jeter sur la voie nos papiers de bonbons et la peau du saucisson.

Certains partent avec la voiture familiale, une R8, une 404, une Simca 1000, une DS. Ou une 2CV, qui a beaucoup contribué à la démocratisation des vacances, malgré cette fichue barre du milieu sur la banquette arrière à laquelle nous avions droit, nous les enfants.

Malgré la présence de trois fois moins de voitures qu'aujourd'hui, la circulation estivale est très difficile et les bouchons gigantesques. La France compte à peine plus de cent kilomètres d'autoroute !

Sur ces routes bordées de dangereux platanes, à l'exception de certains axes, la vitesse n'est pas réglementée. C'est avec fierté que nos pères, à l'arrivée, annoncent notre moyenne. Aller vite est alors un plaisir sain et humain, synonyme de progrès et de modernité, que nous encourageons sans nous faire prier : « Plus vite, papa ! Plus vite ! »

Peur et fierté se mêlent souvent dans l'enfance.

Et Antar nous offre le Gaulois et la Gauloise, en plastique caoutchouteux, que nous nous dépêchons d'accrocher au rétroviseur.

Enfin on arrive chez les grands-parents. Avec eux, on s'occupe du jardin, on va cueillir des girolles. On pêche, on construit des barrages, et nos maillots de bain en coton mettent des heures à sécher.

C'est la vraie campagne : bouses de vache, lait dans des pots à lait qui font un bruit de ferraille, hommes qui labourent les champs avec une charrue tirée par des bœufs... Certaines fermes semblent n'avoir jamais connu le moindre progrès technique. L'hiver, le cantonnier trace la route dans la neige en traînant, derrière sa camionnette, une étrave constituée de deux lourdes planches de bois. L'été, il fauche les bords de route et ramasse le foin coupé.

« Mange ta soupe ! »

Jusqu'aux années soixante, la socialisation se résumait à l'apprentissage d'un certain nombre de règles : hygiène, manières de table, politesse. Peu à peu, d'autres qualités sont encouragées, comme l'autonomie et l'indépendance, notamment grâce aux discours de psychologues comme Françoise Dolto.

Dans les faits, l'obéissance est encore largement valorisée. On voit dans les rues un accessoire très en vogue, surtout dans les milieux populaires : la laisse pour enfants. À l'époque, élever un petit enfant, c'est surtout empêcher qu'il meure de la

Les anniversaires passent et ne se ressemblent pas.

Demoiselle d'honneur, un rôle à prendre très au sérieux.

typhoïde ou d'un accident. La laisse réglait déjà au moins la moitié du problème.

Un autre grand défi ne souffre que de très rares exceptions : terminer son assiette. « Catherine, mange tes légumes. » Une phrase souvent ponctuée par : « Les petits Chinois seraient bien contents d'en manger. » Combien d'entre nous se souviennent avoir découvert le soir, l'assiette de carottes ou d'épinards refusée à midi ? Parmi les autres qualités que l'on attend de nous, la politesse n'est pas la moindre. Dans la rue, nous disons toujours « bonjour à la dame ».

Le dimanche, après le traditionnel repas de famille, nous allons nous promener. Dans le métro parisien, ce sont toujours les vieilles rames, les sièges en bois, les premières classes rouges, et les secondes, vertes. Et les tickets que l'on poinçonne, comme dans la chanson de Gainsbourg. Le nez collé à la vitre, les publicités défilent, dont la plus célèbre restera : Dubo, Dubon, Dubonnet…

Recevoir des invités à la maison le soir est rare. Ma mère leur prépare des allumettes au fromage en entrée, suivies de paupiettes de veau ou d'un rôti de veau jardinière. Son hachoir et son ouvre-boîtes électriques, sa centrifugeuse, sa rôtissoire, sa yaourtière, sa cocotte-minute, lui laissent le temps de se faire belle. On aime sentir l'odeur de sa poudre Lancôme, dont le boîtier noir s'ouvre sur un joli miroir. Sur sa jupe au-dessous du genou, elle glisse un cardigan qui ne se ferme que par un seul bouton au niveau du col, et enfile ses nouveaux escarpins au talon droit et carré.

Le Père Noël : la dure corvée des enfants sages…

Kennedy est assassiné

Le vendredi 22 novembre 1963, John F. Kennedy, trente-cinquième président des États-Unis, se rend à Dallas au Texas pour une visite préélectorale. Le cortège présidentiel traverse lentement la ville, devant la foule amassée le long des rues. Soudain, des coups de feu éclatent. Le président est d'abord blessé au cou, puis à la tête. Jackie rampe sur le coffre arrière de la voiture. Aussitôt transporté au Parkland Hospital, Kennedy est déclaré mort au bout d'une demi-heure. Le monde est stupéfait.

Lee Harvey Oswald est l'assassin présumé, et le restera, car aucun procès, aucune instruction judiciaire n'ont pu avoir lieu : il est abattu par Jack Ruby moins de quarante-huit heures après son arrestation. Les funérailles sont célébrées le 25 novembre au cimetière national d'Arlington. Les images de la mort de Kennedy sont diffusées par toutes les télévisions quasiment en même temps : désormais, la « mondovision » permet la simultanéité sur toute la planète télévisuelle.

Les funérailles de John F. Kennedy.

1965-1969

Rien n'est plus important que l'amitié

Dans les classes, le silence et la discipline règnent en maîtres.

Le goût éternel des petits pots de colle à l'amande

La vie est douce en ce temps-là pour les écoliers. Les vacances durent dix semaines et la rentrée scolaire n'arrive pas avant le 15 septembre.

Mais l'entrée à la grande école nous réserve un bien grand souci : garçons et filles se séparent. Un portail à barreaux, quand ce n'est pas un mur, divise

Chronologie

21 février 1965
Le leader noir américain Malcolm Little, alias Malcolm X, est assassiné lors d'un meeting à Harlem.

20 mars 1965
France Gall gagne le grand prix de l'Eurovision pour le compte du Luxembourg, avec une chanson écrite par Serge Gainsbourg, « Poupée de cire, poupée de son ».

19 juillet 1965
Le tunnel du mont Blanc, qui relie Chamonix-mont Blanc (France) à Courmayeur (Italie), est mis en service.

19 décembre 1965
Les Français élisent pour la première fois leur président au suffrage direct : leur choix se portera à 55,2 % sur le général de Gaulle.

16 février 1967
André Malraux inaugure l'exposition « Toutankhamon » au Petit Palais, qui recevra le record absolu de 1 300 000 visiteurs.

5 juin 1967
La guerre des Six Jours éclate, qui oppose Israël à la Ligue arabe. En moins d'une semaine, l'État hébreu triplera sa superficie.

1er octobre 1967
La télévision en couleurs fait ses débuts en France : le premier reportage diffusé montre un largage de parachutistes.

9 octobre 1967
Le « Che » est exécuté sommairement par l'armée bolivienne et devient l'icône de mouvements révolutionnaires du monde entier.

3 décembre 1967
La première greffe du cœur au monde est effectuée par le professeur Christiaan Barnard, à l'hôpital Groote Schur du Cap (Afrique du Sud).

18 février 1968
Jean-Claude Killy remporte les trois médailles d'or du ski alpin aux Jeux olympiques de Grenoble.

4 avril 1968
Martin Luther King est assassiné par un ségrégationniste blanc sur le balcon du Lorraine Motel à Memphis, dans le Tennessee.

9 décembre 1968
La souris pour ordinateur est présentée pour la première fois lors de la conférence des sociétés d'informatique tenue à l'université de Stanford en Californie.

2 mars 1969
Le *Concorde* réalise son premier vol, et franchira le mur du son le 19 novembre suivant.

Killy, le champion de ski français, devient un héros national.

les deux cours. Pendant la récréation, on s'approche, on se regarde, on s'étudie, on se repère grâce au prénom brodé au point de chaîne sur nos tabliers bleus ou nos blouses roses…

Nous sommes les derniers à tracer des pleins et des déliés avec un porte-plume. Il faudra attendre encore un peu, surtout en province, pour que le cristal Bic se généralise.

Nous apprenons à lire avec la méthode Boscher, peu à peu détrônée par la méthode globale qui procède non plus par assemblage de syllabes, mais par reconnaissance d'un mot entier. Nos cahiers sont recouverts d'un protège-cahier en gisol rouge, vert ou bleu. Et les petits pots de colle à l'amande ont un goût délicieux.

Lors des nombreuses dictées, la maîtresse s'applique à prononcer les consonnes finales, petite tricherie qui n'échappe qu'aux étourdis. Les astuces mnémotechniques et les lignes à copier sont efficaces pour se souvenir des terribles règles de grammaire. « "Toujours" prend toujours un "S" », « Je m'aperçois qu' "apercevoir" ne prend qu'un "P" » , « "Jamais" n'est jamais sans "S" »...

Chaque semaine, un cours de morale : « Resquiller, c'est voler », « La société est une immense famille », « Souviens-toi de ces trois mots : "bonjour", "s'il vous plaît", "merci" ». Quel ennui ! Nous préférons nos livres usés jusqu'à la trame, remplis de rois de France fainéants, de baignoires qui fuient, de montagnes paisibles (leçon de choses : pourquoi élève-t-on des moutons dans les Alpes du Sud et des vaches dans les Alpes du Nord ?)

Les meilleurs élèves sont récompensés par des bons points et des images, ou par la permission d'aller chercher au fond de la classe, un volume de l'encyclopédie *Tout l'univers*. Les chouchous ont le droit d'effacer le tableau avec un chiffon dont la poussière produit de petits nuages délicieusement âcres. Mais il arrive aussi que des professeurs nous tapent sur la tête avec une baguette en bambou, plus rarement avec une règle, ou lancent des craies sur ceux qui n'écoutent pas.

Dès la sortie, nous rentrons goûter de tartines beurrées saupoudrées de cacao, avec de la grenadine.

Bien coiffée, bien élevée.

À cette époque, la mode pour enfants n'existe pas. Nous possédons peu de vêtements et en changeons selon les saisons ou selon le jour de la semaine (surtout le dimanche). Si nos enfances ont parfois l'air graves, c'est peut-être à cause de ces tissus lourds et raides, ces emmanchures étroites, cet engoncement qui vaut sagesse, pour les générations d'avant le lycra.

Les parents assistent à la distribution des prix, moment redouté ou fièrement attendu. De volumineux ouvrages brochés, les *Contes* de Perrault, *Sindbad le marin* pour les petits, *Le Dernier des Mohicans* pour les plus grands, nous sont remis. Tout le monde ne repart pas avec une brouette de livres...

Le Concorde fera rêver des millions de petits garçons.

L'autorisation de la contraception

Le 28 décembre 1967, au terme de débats houleux, l'Assemblée nationale adopte le projet présenté par le député gaulliste Lucien Neuwirth sur la régulation des naissances. Ce texte abroge la loi du 31 juillet 1920 interdisant toute contraception.
« Les temps sont venus de donner aux femmes le droit de maîtriser leur fécondité », plaide-t-il. Ce à quoi de Gaulle, pourtant opposé à la réforme, répond : « C'est vrai, le respect de la vie c'est important, il faut que ce soit un acte lucide. »

Les femmes devront pourtant attendre 1974 pour que la contraception, qui restera dans un premier temps réservée au traitement des règles douloureuses et aux femmes mariées, soit remboursée par la Sécurité sociale.
Les années soixante et soixante-dix auront été décisives pour les femmes dont certaines aiment encore rappeler qu' « un homme sur deux est une femme »...

Pas encore de consoles électroniques, mais des valeurs sûres comme la poupée ou le nounours.

« À quoi on joue ? »

Quand on est petit, on ne choisit pas grand-chose, mais on choisit les jeux !

Dans la cour ombragée de marronniers, filles et garçons jouent chacun de leur côté à « Un, deux, trois, soleil », à la balle au prisonnier, aux osselets, aux billes. Mini-bille, maxi-bille, agate, calot, boulard, mammouth, bison... À la marelle aussi. Parfois, elles sont déjà peintes sur l'asphalte de la cour, mais on préfère les dessiner soi-même à la craie, avec un caillou lisse pour palet. Les filles sautent aussi à la corde, jouent à l'élastique, tressent des scoubidous. Se récitent l'histoire de « la marchande de foie dans la ville de Foix » ou des « quilles à la vanille et des gars en chocolat »...

Le dernier jour d'école, nous avons le droit d'apporter nos jouets. Les filles s'échangent leurs poupées : Élisabeth, celle qui va si bien au coin quand on la punit, contre Tressy, le poupon noir de Bella. Les garçons troquent leurs images : un joueur de foot argentin contre un cycliste du Tour de France, ou un volcan du Pacifique contre un ours du Canada.

« À quoi on joue ? » est la question rituelle qui scande nos enfances. Le jeudi ou après la classe, nous filons faire du vélo (Peugeot, Mercier). Avec des pinces à linge, nous accrochons des

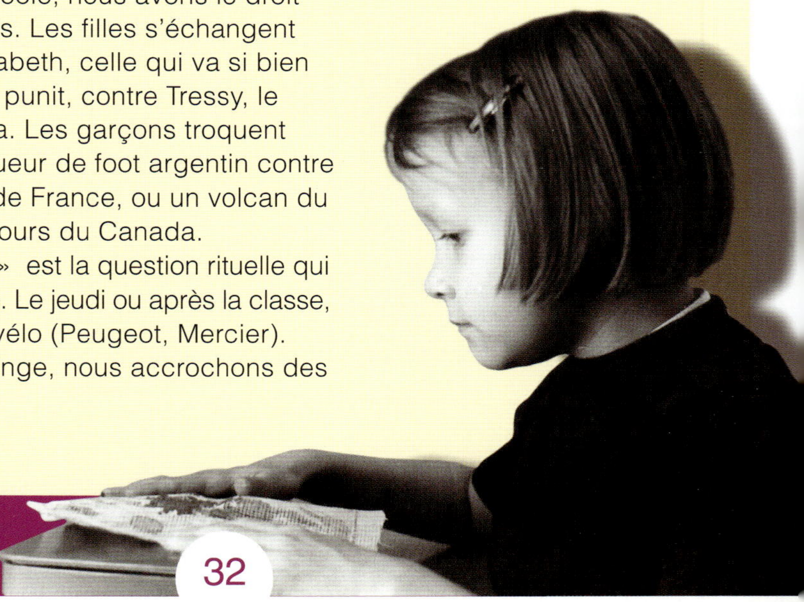

Le canevas, exercice de patience et d'adresse de petite fille sage.

Le kart, grisante sensation de vitesse et de liberté.

En famille, nous jouons à des jeux de société : le 1000 Bornes, le Nain Jaune, les dominos... Le Monopoly est réservé aux plus grands, ainsi qu'un tout nouveau jeu : le Scrabble, dont le lancement a été soutenu par une opération publicitaire du Club Med' avec des animations dans ses villages.

Les jours de pluie, nous construisons des maquettes d'avions, de bateaux, de chars militaires (Airfix, Heller, Matchbox)... Ou nous nous déguisons. Les panoplies de fée et de Zorro sont celles qui ont le plus de succès.

cartes à jouer aux rayons des roues pour imiter le bruit des mobylettes. Nous faisons aussi du patin à roulettes. Les roues de nos Speedy extensibles se grippent souvent et couronnent bien des genoux. Maman nous colle un pansement Urgo, que son inventeur a eu l'idée de percer de trous microscopiques pour laisser respirer la plaie, avec le slogan « Y a de l'Urgo dans l'air... »

La folie des déguisements.

Une image familière des fameux « événements » qui vont ébranler la France.

Mai 68

« La France s'ennuie », lit-on dans le Monde *du 15 mars 1968. Ce titre prendra un étonnant relief une semaine plus tard. Les fameux « événements » qui vont ébranler la France pendant un mois, débutent par une occupation d'étudiants à Nanterre en protestation contre l'arrestation de plusieurs manifestants contre la guerre du Vietnam. Entre gauchisme et surréalisme, les slogans défilent : « Soyez réaliste, demandez l'impossible », « Jouissez sans entraves », « Ici, on spontane »...*
La révolte étudiante atteint son point culminant la nuit du 10 au 11 mai, lorsque plus de soixante barricades sont érigées dans le Quartier latin. On déplorera de nombreux blessés, des centaines de voitures brûlées et des dizaines de magasins endommagés. De petits transistors permettent aux étudiants de se regrouper et aux autres de suivre l'actualité en direct. Le 14 mai, la France se retrouve en grève générale. Des dizaines d'usines sont occupées, des administrations désertées. Le 30 mai, de Gaulle annonce qu'il ne se retirera pas et dissout l'Assemblée. L'essence coule à nouveau, mais l'épopée gaulliste est consommée.
Personne n'avait vu venir l'explosion de Mai 68, dont nous ne comprendrons la portée que bien plus tard.

Un nouveau vent de liberté

Six-dix ans, l'âge des héros... Cela commence avec *Oui-Oui* (*au pays des jouets, à la fête, et le chien qui saute*...) dans la Bibliothèque rose, souvent le premier livre qu'on lit seul. Les aventures de Fantômette narrent les exploits de cette jeune Françoise, écolière studieuse dans la journée, justicière masquée le soir. Nous tremblons quand Œil de Lynx tombe une fois de plus en panne au volant de sa 2CV, menaçant de faire capoter l'affaire, et rions aux éclats devant les gaffes de la grande Ficelle. Les collections des *Caroline* et des *Martine* présentent des petites filles sages et débrouillardes. *Michel* et *Les Six Compagnons* nous font élucider des énigmes policières. Nous sommes abonnés à *Fripounet*, surtout si nous sommes louveteaux ou jeannettes, ou au *Journal de Mickey* qui nous raconte les mésaventures de Picsou, Tic et Tac, Géo Trouvetou...

À la télévision, les plus grands aiment regarder « L'Âge heureux », une série qui raconte la vie de petit rat à l'Opéra de Paris. Il y a aussi « Saturnin », « Skipper le dauphin », « Skippy le kangourou », et « Belle et Sébastien », dont l'acteur Medhi El Glaoui deviendra le premier enfant-star de la télévision française (et pour beaucoup d'entre nous le premier et indéfectible amour...). Au même moment, un cavalier surgit hors de la nuit : « Zorro » (en noir et blanc, bien sûr) effraye les petites filles, mais moins que la musique du générique des « Dossiers de l'écran » présentés par Armand Jammot.
Les garçons se moquent, mais les facéties de la « Caméra invisible » animée par Jacques Rouland réconcilient tout le monde. Le dimanche après-midi, à partir de 1968, est diffusée « Histoires sans paroles », qui accompagnera pendant des années nos vagues à l'âme hebdomadaires, surtout ceux des pensionnaires.

Des airs entendus à la radio nous trottent dans la tête. Comme ce fameux Antoine (« On dirait une fille », critiquent nos grands-mères) qui promet d'aller se faire couper les cheveux, « Jolie Môme » de Léo Ferré, « Tombe la neige » d'Adamo, « Le Téléphone pleure » de Claude François, « La Balade des gens heureux » de Gérard Lenormand, « Souvenirs, souvenirs » de Johnny Hallyday...

Sylvie Vartan
épouse Johnny.

Barbie débarque des États-Unis.

Dont nous découvrons qu'il a épousé Sylvie. Mais celle-ci est en larmes : serait-ce toute cette cohue, ces photographes amassés sur les toits ? Cette rumeur d'un faux mariage ? Nous apprenons aussi qu'à Saint-Trop', des filles se font bronzer seins nus. « Pouah, c'est dégoûtant ! »

C'est dans ce contexte de liberté nouvelle qu'apparaît une drôle de poupée, Barbie. Elle débarque des États-Unis, possède des formes de rêve, incarne une autre vision de la femme. Cette blonde qui n'a d'autre idée en tête que de séduire Ken, n'est pas du goût de certains parents.

On se console en achetant des bonbons. Pour un franc, on a un gros paquet avec roudoudous, carambars, mistral gagnants, coco boer, malabars, et des hosties avec de la poudre acide à l'intérieur qui nous arrache les joues – mais c'est si bon !

Il est interdit d'interdire

1968, les enfants fument devant leurs parents (des cigarettes en chocolat), Sheila se réclame d'être une « petite fille de Français moyens », Johnny se demande si pour être libre, il faut « avoir les cheveux longs, longs, longs », Saturnin est enfin en couleur à la télé…

Mai 68 ? Une bonne nouvelle ! L'école est fermée.

Mais un jour, à la télévision, à la radio, on parle de manifestations, de grèves, de barricades, de Dany le Rouge. Il se passe quelque chose que même les grandes personnes n'ont pas l'air de comprendre.

Comment savoir quels sillons ont tracés en nous les mots « autogestion », « situationnisme », « structures aliénantes » ? Dans ces discussions fiévreuses où les voix d'hommes se mêlaient à celles des femmes comme rarement, nous entendions l'amour qui s'exprimait dans la volonté de donner naissance à des enfants attendus, le désir des femmes mis à l'égal de celui des hommes, une vie plus juste, la fin de la société de consommation...

Tout cela s'est dit dans la passion, la violence parfois, le lyrisme sûrement, car l'époque vomissait les tièdes. Avoir neuf ans en 1968, c'est grandir soudain plus vite. Et rester interloqué par des phrases séduisantes, mais confusément inquiétantes, voire carrément obscures : « Il est interdit d'interdire », « Sous les pavés, la plage »... C'est être porté par une singulière berceuse à laquelle nous devons la liberté dans le choix de nos amours, de nos métiers.

Mais pour l'heure, l'urgence est de trouver de l'essence. La queue est longue devant les stations. On attend dans la voiture sans crainte de rater l'école. Et pour cause : elle est fermée. « Jusqu'à quand ? » Personne pour nous répondre.

En 1965, les femmes ont obtenu la pleine capacité juridique, et notamment le droit de travailler et d'ouvrir un compte en banque sans l'accord de leur mari. Cette loi modifie également les régimes matrimoniaux, puisque les épouses peuvent désormais disposer de leurs biens propres : la séparation des biens, avec la communauté réduite aux acquêts, devient le régime normal dans les unions sans contrat de mariage. Au printemps 1970 se tiendra le premier meeting public du futur MLF à l'université de Vincennes.

Et en 1969, à Woodstock, près de 500 000 jeunes assistent à un imposant festival de rock tout en manifestant : « Faites l'amour, pas la guerre. »

Ce que l'on voit, nous, à la télévision, c'est un personnage aux drôles de moustaches – un grand peintre, paraît-il – qui nous assure, les yeux exorbités, qu'il est fou du chocolat Lanvin. Le monde des grands se complique.

On a marché sur la Lune

Le 20 juillet 1969, le module lunaire Eagle de la mission Apollo 11 se pose sur la Lune. Neil Armstrong annonce : « Houston, ici la base de la Tranquillité. L'Aigle a atterri. » À 3 h 56, Armstrong met le pied (gauche) sur la Lune. Il avait été désigné pour être le premier car il était un civil, et non un militaire comme ses deux compagnons. Il est rejoint un quart d'heure plus tard par Edwin « Buzz » Aldrin, qui lance : « C'est merveilleux, merveilleux, une désolation magnifique. » Pendant ce temps, la capsule Apollo poursuit le tour de la Lune avec à son bord le troisième homme de l'équipage, Michal Collins, qui fut décrit comme « la personne la plus solitaire sur et en dehors de la planète ».
Cette onzième mission du programme Apollo rehausse le prestige des États-Unis, terni par la guerre froide, la guerre du Vietnam et les conflits raciaux. Mais Neil Armstrong n'a jamais accepté sa célébrité, sa femme se plaignant que « la Lune lui soit montée à la tête », tandis qu'Edwin « Buzz » Aldrin a dû combattre dépression et alcoolisme.

Quelques secondes pour une éternité

Papa est venu nous réveiller, il fait encore nuit, et nous nous retrouvons dans le living-room, pieds nus sur le linoléum, un peu hébétés. Vue de la fenêtre, la Lune paraît tellement loin, alors qu'au même instant elle est si proche sur l'écran !

« Attention les enfants, nous allons vivre un grand moment. Un moment inoubliable. » Quand le véhicule des astronautes parvient sur la Lune, en direct – croit-on sans en être tout à fait certain –, la porte reste fermée très longtemps. Il est 3 h 56, ce 29 juillet 1969, quand enfin Armstrong apparaît sous nos yeux stupéfaits. On ne sait plus si on rêve ou si « c'est en vrai ». On entend l'astronaute parler dans son énorme casque de scaphandrier, et sa voix est entrecoupée comme si sa respiration était difficile. « Un petit pas pour l'homme, un grand pas pour l'humanité. » Il est quatre heures du matin et un homme marche sur la Lune. Environ 450 millions de personnes auront suivi ce moment.

Huit jours plus tard, la capsule du retour touche le Pacifique. Les astronautes ont laissé là-haut un drapeau américain en nylon et une plaque d'acier inaltérable sur laquelle de futurs « touristes lunaires » pourront lire : « C'est ici que des êtres humains de la planète Terre posèrent pour la première fois le pied sur la Lune, en 1969 après J.-C. Nous sommes venus en

L'homme a marche sur la Lune.

paix pour toute l'humanité. Neil A. Armstrong, astronaute, Edwin E. Aldrin, astronaute, Michael Collins, astronaute, Richard Nixon, président des États-Unis d'Amérique ». Les trois hommes seront mis en quarantaine pendant vingt-et-un jours, une pratique qui perdurera pendant les trois missions Apollo suivantes, avant que la Lune soit déclarée sans danger de contamination.

Et pendant ce temps, les Shadock pompaient, pompaient...

1970-1973

Les premières questions existentielles

Comble du chic, le minivélo équipé d'un panier à l'avant.

Le monde grandit

L'entrée en sixième marque un grand tournant. Certains collèges flambant neuf respirent la modernité : un rectangle de béton percé de fenêtres en aluminium. Les cours sont vastes, les arbustes encore chétifs, mais qu'importe, c'est là que « tout va commencer » : les nouvelles copines, les nouveaux apprentissages, la légèreté et la bêtise de l'adolescence débutante.

Chronologie

2 janvier 1970
Le salaire minimum interprofessionnel de croissance (SMIC) remplace le SMIG.

9 juillet 1970
La durée du service militaire français est ramenée à un an.

8 octobre 1970
L'écrivain et ancien dissident soviétique Alexandre Soljenitsyne reçoit le prix Nobel de littérature, mais ne pourra aller le chercher faute de visa.

17 novembre 1970
Le journal *Hara-Kiri*, qui s'est encore illustré en titrant « Bal tragique à Colombey : 1 mort », disparaît des kiosques.

25 novembre 1970
L'écrivain japonais Yukio Mishima se suicide en se faisant hara-kiri.

17 juin 1972
Cinq personnes sont surprises en train de placer des micros au siège du parti démocrate, à Washington. C'est le début du Watergate.

5 octobre 1972
Onze athlètes israéliens sont abattus pendant les Jeux olympiques de Munich par un commando palestinien.

25 octobre 1972
Eddy Merckx bat le record de l'heure sur le vélodrome de Mexico.

31 décembre 1972
La troisième chaîne de télévision française est lancée.

8 avril 1973
Pablo Picasso meurt d'une embolie pulmonaire et sera enterré dans le parc du château de Vauvenargues, dans les Bouches-du-Rhône.

25 avril 1973
Le boulevard périphérique est inauguré par Pierre Messmer, dix-sept ans après le début des travaux.

1 juillet 1973
Le port de la ceinture hors des agglomérations devient obligatoire pour les occupants des places avant d'un véhicule.

Merckx sera cinq fois vainqueur du Tour de France.

C'est souvent la première fois que nous allons à l'école seuls, avec un beau minivélo blanc ou rouge, Peugeot ou Motobécane, ou en métro, dont un clip publicitaire dit : « Il fait beau dans le métro, le plus beau, joyeux du monde. » Au moins, on ne risque pas de s'y perdre : grâce à des petits boutons, un trajet lumineux s'affiche sur le plan. Les première et seconde classes existent encore, mais en 1973 nous disons adieu aux poinçonneurs.

Cette autonomie nouvelle change aussi notre regard sur les événements qui nous entourent. Le 10 novembre 1970, le président Pompidou annonce d'une voix émue : « La France est veuve ! » Le général de Gaulle est mort. Nos parents et nos professeurs ont l'air grave : nous comprenons confusément que deux ans après 1968, une nouvelle page d'histoire vient de se tourner.

« J'ai voulu être peintre et je suis devenu Picasso. »

Le 20 janvier 1971, sort un film basé sur une histoire dont nous avions entendu parler à la radio deux ans auparavant. Une femme, condamnée pour détournement de mineur, s'est suicidée... Des histoires d'amour entre professeurs et étudiants, entre adultes et mineurs, entre gens du même sexe, des histoires d'amour tout court, nous en connaissons d'autres, mais celle-ci nous marque particulièrement. *Mourir d'aimer* fera 4 millions d'entrées.

Autre fait marquant, la loi Debré de 1973 qui prévoit notamment l'abrogation des sursis pour études au-delà de vingt-et-un ans (le départ au service militaire a désormais lieu à vingt ans, l'appel pouvant être avancé à dix-huit ans, et reporté à vingt-et-un ans pour les jeunes faisant des études supérieures courtes). Au mois de mai, les lycéens se mobilisent en masse. L'effervescence de leurs réunions, les départs en manifs, la confection des banderoles, les propositions de slogans, les réécritures de chansons, ce printemps lycéen arrive comme une fête au milieu d'une année terne.

D'autres souvenirs s'accrochent irrésistiblement à cette période un peu grave. Lip, le Larzac, le putsch de Pinochet, la mort d'Allende...

La mort du général de Gaulle

Le 9 novembre 1970 en fin d'après-midi, le général de Gaulle meurt chez lui à la suite d'un malaise causé par une rupture d'anévrisme. Il indiquait dans son testament : « Je veux être enterré à Colombey-les-Deux-Églises. À mes obsèques, ni présidents, ni ministres ! Sur ma tombe : Charles de Gaulle, 1890-19... Rien d'autre. »
Ses souhaits seront à la fois respectés et transgressés. À 10 h 40, le 12 novembre, une messe est prononcée à Notre-Dame de Paris. Outre le président Pompidou et les membres du gouvernement, ils sont quatre-vingt empereurs, rois, chefs d'État, à venir des cinq continents rendre un dernier hommage au général. À 15 heures, sa famille et les compagnons de la Libération (dont Jacques Chaban-Delmas et André Malraux) se réunissent dans l'église de Colombey.
Richard Nixon déclare à son propos : « La clarté de sa vision lui permettait de distinguer les grands mouvements de l'histoire au moment où les autres n'apercevaient que les mouvements du jour. » C'est sans doute à ce jour, avec Napoléon, le Français le plus connu dans le monde.

Le général de Gaulle s'éteint à Colombey-les-Deux-Églises.

Vive la mixité !

Enfin, la liberté ! Au collège, on peut remiser le tablier bleu marine ou rose en vigueur à l'école primaire. Une liberté toute relative : pour tous les jours, l'uniforme sera un pull à grosses rayures avec un sous-pull synthétique et une veste à carreaux écossais achetés chez Prisu. Les couleurs sont plutôt ternes : bleu marine, gris, brun... Mais les années passant, des couleurs soleil font leur irruption dans nos garde-robes, jaune, orange ou rouge ; et des couleurs *flashy*, rose, bleu électrique ou vert pomme.

Les armoires de grand-mères laissent place aux lits superposés et aux bureaux escamotables.

Mais le changement le plus radical reste la systématisation du port du pantalon chez les filles, qu'on a même le droit de mettre à l'école. Les plus grandes portent des pattes d'eph', des jupons indiens colorés, des vestes afghanes…

En vacances, nous portons des méduses (ou nouille, fifi, selon les régions), un *must* incontournable de la période estivale – combien de ces sandales en plastique connurent une fin tragique, aspirées par une vase gloutonne ? –, et des shorts jusque-là plutôt réservés aux activités sportives et aux garçons. C'est le début de la mode unisexe, accentuée par l'apparition des jeans vers 1967. Leurs ventes augmenteront de 300 % de 1970 à 1976. Wrangler, Levi Strauss, Far West ont leurs adeptes. Jane Birkin est choisie comme égérie de la marque Lee Cooper et incarne le style baba chic que l'on retrouve à la télévision dans les campagnes publicitaires de Jean-Paul Goude. Quelle que soit la marque, nous les arborons fièrement avec un tee-shirt blanc Fruit of the Loom et une paire de Clarks ou de Kickers. Finies les jolies robes !

Pour l'école, les besaces trouvées dans des surplus militaires sont du dernier cri, bien que pas toujours très pratiques (il faut les vider entièrement pour trouver son stylo). Sur nos classeurs et nos agendas Oxford ou Clairefontaine, une petite fille tenant son chaton dans ses bras dessinée par Sarah Kay, ou des chanteurs aux cheveux longs qui grattent une guitare.

Notre chambre est rarement le petit domaine à soi dont nous rêvons.

Quelques fleurs ça et là inaugurent la joyeuse mode colorée des années soixante-dix...

Crise du logement oblige, il faut la partager avec nos frères et sœurs. Les encombrants meubles en bois sont abandonnés au profit d'éléments plus modernes, en aggloméré, recouverts de stratifié ou de Formica : lits gigognes, superposés, banquettes-lits et petits meubles assortis. C'est le règne du fonctionnel : les chambres de filles sont sobres, à l'exception de romantiques plumetis roses ou de toile de Jouy, et d'une reproduction de Renoir ou de Fragonard... Chez les garçons, un baril de lessive fait office de poubelle ou de rangement pour les Lego.

Vive la R5 !

Au début des années soixante-dix, le marché automobile est très segmenté. Si robustesse et fiabilité sont des qualités partagées par toutes les voitures, confort, élégance et performance sont l'apanage des gros modèles.
En janvier 1972, la première R5 sort des usines. Petite et dotée d'un grand habitacle, performante sur route et à l'aise en ville, c'est la voiture des contradictions résolues. Ses couleurs sont éclatantes : vert, orange, rouge vif. Le plastique s'assume et ne cherche plus à imiter le cuir. Elle innove en matière de sécurité : en cas de choc, l'avant peut se déformer pour laisser l'habitacle intact. Enfin, Renault mise beaucoup sur la publicité, en utilisant pour la première fois un ton humoristique : la R5 s'affiche avec des yeux en guise de phares, une bouche souriante pour plaque d'immatriculation, et une voix rauque sur les ondes et au cinéma.
Il s'en vendra plus de 5 millions. Après le premier choc pétrolier, elle représentera 60 % des ventes de voitures françaises.

La R5, voiture des contradictions résolues.

Le ski en famille, un privilège encore rare.

Dans un monde contrarié, la force de l'amitié

Quantité de choses bouleversantes adviennent autour de nous. Des chanteurs montrent leurs fesses sur les affiches, Brigitte Bardot arrête le cinéma, une jeune fille est retrouvée morte dans un terrain vague à Bruay-en-Artois… Rien de mieux que les amis pour profiter de cette enfance dont on sent déjà qu'elle s'éloigne.

On s'invite les uns chez les autres, les filles pour partager leurs inquiétudes face aux garçons, ces intrus braillards, cette horde de Huns ; les garçons pour partager leurs images de clubs de foot ; tous pour jouer à des jeux de société ou pour créer un club de détectives privés comme dans le *Club des Cinq*. Et à l'heure du goûter, on partage gâteaux Savane ou Pépito, sirop Sirosport, Tanga ou Fruité, berlingots ou tubes Nestlé.

Parfois aussi, on s'ennuie, et joue au tac tac tac, ces deux boules en plastique orange ou vert reliées ensemble par une ficelle.

L'âge des premières amies « pour la vie ».

Est-ce à cause de ce petit bruit entêtant que les parents excédés nous envoient dans les MJC ? Objets culturels mal identifiés, elles existent depuis 1948 et la République des jeunes, un mouvement issu de la Résistance. Elles proposent des activités de plus en plus variées : théâtre, danse, peinture sur soie, ciné-club…

Nous sommes nombreux aussi à faire partie d'une organisation de jeunesse. Scouts de France pour les garçons, Guides de France pour les filles. L'été, c'est souvent la première fois que nous partons sans nos parents : on apprend à « se débrouiller », à planter une tente, allumer un feu, apprécier de nouveaux goûts (Ah ! l'horrible anisette), s'orienter dans l'espace, vivre avec les autres…

Les colonies connaissent dans ces années-là un véritable essor. Le programme est toujours le même : chants, plage, travaux manuels, bataille navale, soirée feu de camp, mini Jeux olympiques dont nous confectionnons les médailles en plâtre.

Les classes de neige sont encore rares, et même si l'on meurt de froid dans nos fuseaux Fusalp et nos sous-gants de soie, on veut à tout prix imiter sur nos skis Salomon, Dynamic ou Rossignol, les exploits de nos héros, Jean-Claude Killy ou Marielle Goitschel.

Jeannette, un vivier de merveilleux souvenirs.

Les visites culturelles en classe sont légion.

Un monde de héros

Le soir, éclairé par notre petite lampe de chevet assortie au dessus de lit, nous lisons des BD, et pour commencer *Astérix,* que nos grands frères avaient découvert dans *Pilote* dès 1959. Les qualités pédagogiques de *Gaston Lagaffe* de Franquin sont moins perceptibles… Nous lisons aussi des magazines. Tous les mois, les filles attendent avec impatience leur *Quinze Ans*, qui publie les histoires contrariées de jeunes filles aux poitrines naissantes. Les garçons se plongent dans *Rodéo*, *Kimba*, *Zatan* ou *Kalar*.

Mais nous lisons aussi les livres de la Bibliothèque verte qui font suite en douceur à notre chère Bibliothèque rose, avec la série des *Alice*. Les personnages ont beau être un peu ennuyeux, nous rêvons de surprises-parties, de yachts, de superbes villas et surtout, de son célèbre cabriolet, symbole de liberté et d'émancipation ! La collection « Rouge et Or » propose davantage d'aiguiser notre curiosité sur le monde comme dans *Nanouk chasseur des neiges*, et l'« Idéal Bibliothèque » publie les grands auteurs classiques.

Le cinéma est en perte de vitesse : à cause de la télévision, on constate une diminution de 100 millions d'entrées de 1964 à 1972. Mais la projection du nouveau de Funès ou Belmondo demeure l'occasion d'une sortie familiale. Gérard Oury enchaîne les comédies (*Les Aventures de Rabbi Jacob*),

Peau d'Âne de Jacques Demy.

Claude Zidi tourne *Les Bidasses en folie*, Jean Yanne nous provoque dans *Tout le monde il est beau, tout le monde il est gentil*... Tout cela, c'était au temps des sièges à deux places du Panthéon. Loin de nous pourtant l'idée de nous embrasser, même si nous rêvions devant *Peau d'âne* en 1970 et *Love Story* en 1971.

Heureusement, « un coup de barre, Mars et ça repart » ! À la télévision, des slogans publicitaires nous ravissent. Comme la célèbre rengaine « la Boldoflorine, la Boldoflorine, la bonne tisane pour le foie », le petit Pipiou qui clame haut et fort qu' « on a toujours besoin d'un petit pois chez soi », « Mini Mir, mini prix mais il fait le maximum », « Orangina, secouez-moi, secouez-moi », « Perrier, c'est fou »... Sans oublier le bébé Cadum qui servira à railler ceux qui pleurent pour un rien.

Le choix des programmes s'élargit avec l'arrivée d'une troisième chaîne en 1972. « Les Chevaliers du ciel » avec Tanguy et Laverdure (qui n'a pas eu un faible pour le beau Jacques Santi ?) sont remplacés par des séries américaines, « Dans les rues de San Francisco », « Mannix », « Amicalement vôtre », « Drôles de dames »...

Premier numéro du quotidien Libération

En 1972, Jean-Claude Vernier, ancien élève de l'École centrale de Paris et militant maoïste, rencontre à Bruay-en-Artois, commune minière du nord de la France, Jean-René Huleu, ancien journaliste hippique, qui imprime sur place Pirate, *un bulletin quotidien dans lequel il rend compte des luttes ouvrières dans la région. Jean-Claude Vernier rentre à Paris avec l'idée de lancer un journal populaire de gauche. Le projet est repris par Benny Lévy, dirigeant de la Gauche prolétarienne, qui cherche à donner un nouvel essor à son mouvement.*
À l'époque, Jean-Paul Sartre assume la direction de divers petits quotidiens de gauche, et rêve de voir naître un véritable quotidien de gauche de qualité. En février 1973, le philosophe, qui deviendra le premier directeur de publication, Serge July et Philippe Gavi fondent le journal Libération. *Celui-ci reprend le titre d'un ancien journal de la Résistance.*
Un manifeste, rendu public, constitue la charte politique du journal dont la doctrine devait être : « Peuple, prends la parole et garde-la. » Le quotidien se voulait sans publicité ni actionnaires financiers. Un premier numéro de quatre pages paraît le 18 avril 1973, lançant une souscription pour le financement « d'un organe quotidien entièrement libre ». Le 22 mai, Libération *sort pour la première fois en kiosque au prix de 0,80 franc.*
Jusqu'en 1981, Libération *sera dirigé par ses salariés, sans hiérarchie de salaires, et toutes les décisions importantes seront prises à l'issue d'un vote de l'assemblée générale.*

Mère et fille, des rapports parfois bien déroutants...

De la difficulté de grandir

Il n'y a pas que le monde qui change autour de nous, notre corps aussi nous devient étranger. C'est l'âge des premières règles et nous tenons serrées dans une pochette nos premières serviettes hygiéniques, passeport pour une nouvelle vie, signe de ralliement de celles qui les ont par opposition à celles qui les attendent, et à celles qui n'y pensent même pas.

Nos mères nous rassurent d'un « c'est naturel ». Quelques-unes tentent d'inventer un rite, de célébrer leur arrivée par une petite fête familiale, un joli dîner avec un beau gâteau. « Tu es une grande, tu es une femme ! » L'usage ne s'est pas installé, mais du moins la honte est-elle écartée.

En ce qui concerne l'éducation sexuelle, l'époque est encore souvent à la pudeur. Les pères esquivant ces questions d'un « humm » qui dépasse à peine leur barbe, ce sont les mères qui s'y collent. Elles ont dévoré les livres de Simone de Beauvoir (*Le Deuxième sexe*, publié en 1949, deviendra un livre culte) ou de Margaret Mead (*L'un et l'autre sexe*), mais aussi des manuels pratiques comme *Le Guide Marabout de la jeune fille d'aujourd'hui*, paru en 1964, ou *Virginie a 14 ans ou Le Nouvel Art de vivre*, en 1971. Ces deux manuels restent très médicaux : folliculine, hypophyse, adrénaline, glandes surrénales... On conseille encore d'éviter les relations sexuelles : céder à la mode, c'est connaître bientôt le dégoût.

Il arrive aussi qu'on laisse ce rôle à une gynécologue chez qui on conduit l'adolescente aux premiers signes de puberté. À charge pour elle de parler de viol, de maladies sexuellement transmissibles, de contraception. Les conseillères des centres du Planning familial, qui accueillent de plus en plus de jeunes, ont elles aussi joué ce rôle d'informatrices.

S'il est trop tôt pour jouer les coquets et les coquettes, le berlingot Dop nous paraît tout de même bien plus ludique que le bon vieux savon de Marseille. Ce petit oreiller de plastique transparent de deux ou trois centimètres sur deux, cumule tous les signes de la modernité : le plastique, la couleur, la chimie, l'individualisation, le design... Il s'achète à l'unité ou en chapelet, comme les sucettes Pierrot Gourmand. Certaines filles préfèrent rêver avec « Lux, le savon des stars ». Mireille Darc, Marina Vlady, Catherine Deneuve, des dizaines d'égéries ont vanté les mérites de la petite brique blanche. Les premiers déodorants ont aussi fait leur apparition, dont Narta, grâce auquel « on se sent aussi fraîche qu'en robe blanche et chapeau fleuri ». Tout un programme...

Quand le pétrole flambe

Le 6 octobre 1973, les troupes égyptiennes et syriennes lancent une offensive pour reconquérir les territoires occupés par Israël depuis 1967. C'est le début de la guerre du Kippour.
Le prix du baril de pétrole se situe alors à moins de 3 $. Les États-Unis fournissent Israël en armes et déclenchent la colère des États du Golfe, qui augmentent leurs prix de 70 %. Les marchés paniquent. Le 17 octobre, les pays arabes réduisent de 5 % leur production. Trois jours plus tard, le prix du baril s'envole à 18 $.
Les 16 et 17 octobre 1973, les pays arabes membres de l'OPEP, alors réunis au Koweït, annoncent un embargo sur les livraisons de pétrole contre les États « qui soutiennent Israël ». Les États-Unis doivent infléchir leur politique. Le 18 mars 1974, le président égyptien Sadate obtient la levée de l'embargo.
L'Occident découvre sa dépendance au pétrole et à son prix. La France, qui a des idées, se lance dans la chasse au gaspi et développe un programme massif de construction de centrales nucléaires.

1974-1977

Vive la liberté !

À la maison, les discussions politiques ne sont pas de mise…

Un seul mot d'ordre : soyons contre !

Bientôt, finis la peur au ventre pour les leçons non apprises, les devoirs bâclés, les colles, la somnolence des débuts d'après-midi. Le bac en poche, le monde nous appartiendra !

Le 25 avril 1974, nous découvrons au journal télévisé que des généraux portugais déclenchent, sans effusion de sang, la révolution des Œillets.

Chronologie

5 mai 1974
Arlette Laguiller est la première femme à se présenter à l'élection présidentielle en France.

19 mai 1974
Valéry Giscard d'Estaing est élu président de la République face au candidat socialiste, François Mitterrand.

5 juillet 1974
Une loi abaisse l'âge de la majorité de vingt-et-un à dix-huit ans.

8 août 1974
Richard Nixon démissionne à la suite du scandale du Watergate.

4 avril 1975
Bill Gates fonde la société Microsoft, qui annonce le début de l'ère des ordinateurs personnels

13 avril 1975
La guerre civile éclate au Liban.

17 avril 1975
Les Khmers rouges s'emparent de Phnom Penh, la capitale du Cambodge, et leur chef, Pol Pot, impose un régime dictatorial.

14 juillet 1976
Albert Spaggiari réalise le « casse du siècle » à la Société générale de Nice.

1er août 1976
Nadia Comaneci, gymnaste roumaine, triomphe aux Jeux olympiques de Montréal.

9 septembre 1976
Mao Zedong, le « Grand Timonier », s'éteint à l'âge de quatre-vingt-trois ans, laissant derrière lui un pays épuisé.

23 janvier 1977
Le baron Empain, PDG de Schneider, est enlevé à Paris.

31 janvier 1977
Le Centre national d'art et de culture Georges-Pompidou, dit Beaubourg, est ouvert au public. Il est l'œuvre des architectes Piano, Rogers et Franchini.

16 août 1977
Le King meurt à quarante-deux ans d'une crise cardiaque.

16 septembre 1977
Maria Callas, la grande cantatrice italienne d'origine grecque, meurt à l'âge de cinquante-quatre ans.

Nadia Comaneci devient la reine des Jeux à Montréal en 1976.

Le 17 avril 1975, ce sont les Khmers rouges qui entrent dans Phnom Penh. Le 11 juillet 1975, la loi René Haby (qui prévoit la mise en place d'un collège unique) est votée, ce qui provoque un vaste mouvement protestataire. Le 6 avril 1976, Christian Ranucci, condamné à mort, est exécuté pour le meurtre d'une fillette. Le 31 janvier 1977, Françoise Claustre est libérée par les rebelles tchadiens. Nous nous enflammons facilement pour toutes ces causes, sans pour autant en comprendre tous les enjeux. Les « Trente Glorieuses » tirent à leur fin. Au mois de novembre 1975, le nombre des chômeurs dépasse le million et cette même année, la fabrique d'horlogerie Lip à Besançon est mise en liquidation.

V.G.E., qui entend « l'immense rumeur du peuple français ».

Mais la libération sexuelle, l'un des grands thèmes de Mai 68, n'est-elle pas en train d'entrer dans les mœurs ? La pilule, mise sur le marché en 1967, a déjà joué un rôle considérable ; Simone Veil, ministre de la Santé, fait adopter en décembre 1974 la loi Veil qui autorise l'avortement, le MLF revendique le partage des tâches domestiques…

L'influence de Mai 68 est aussi manifeste dans la pédagogie. Soudain, nous avons le droit – et même le devoir – d'intervenir en cours. La parole libre, le débat, règnent partout. Au cinéma, des réalisateurs, lassés des trop belles histoires, veulent désormais montrer le monde de façon réaliste. Godard avait ouvert la voie dès 1972 avec *Tout va bien*. Sur les écrans apparaissent des scénarios déconstruits, des cadrages marginaux, des éclairages audacieux. Mais ce sont surtout les pratiques culturelles qui changent. Nous passons peu à peu d'une culture d'élite (opéras, musées, bibliothèques…) à une culture de masse (sports, mode, musique…)

Dans cette période brouillonne et bouillonnante, Valéry Giscard d'Estaing est élu président. À quarante-huit ans, il veut rajeunir la République et moderniser la société. Il permet le divorce par consentement mutuel, réforme l'audiovisuel et instaure le collège unique. Et quand il ne s'invite pas à dîner chez les « Franchaises » et les « Franchais », il invite lui-même les éboueurs du quartier de l'Élysée à partager son petit-déjeuner.

Le droit à l'avortement arraché par Simone Veil

Le 26 novembre 1974, Simone Veil, ministre de la Santé du gouvernement de Valéry Giscard d'Estaing, présente son projet de loi sur l'interruption volontaire de grossesse devant l'Assemblée nationale. Jusque-là, chaque année, environ 300 000 femmes avortaient clandestinement ou à l'étranger. De plus en plus de médecins affirmaient publiquement pratiquer des IVG. Dans le Manifeste des 343, paru le 5 avril 1971 dans Le Nouvel Observateur, *rédigé par Simone de Beauvoir, 343 femmes, parmi lesquelles Jeanne Moreau, Catherine Deneuve, Marguerite Duras ou Françoise Sagan, affirmaient avoir subi une IVG et se disaient prêtes à en assumer les conséquences. Cela n'empêchera pas les parlementaires, y compris ceux de son propre camp, de chercher par tous les moyens à déstabiliser Simone Veil. Elle obtient le vote de la loi à condition d'amender son texte : l'IVG est autorisée pour une période de cinq ans, sans prise en charge par la Sécurité sociale. Elle entre en vigueur le 17 janvier 1975.*
En 1979, l'Assemblée pérennisera le texte et obligera les hôpitaux à l'appliquer. Arguant du caractère temporaire de la loi de 1974, nombre d'entre eux refusaient encore de « pratiquer l'avortement au nom de la liberté et du respect du droit moral de chaque médecin ».

Simone Veil, à l'origine de la loi autorisant l'avortement en France.

Le temps des idoles

Nous sommes en cours, ce matin du 25 avril 1975, quand la nouvelle se répand dans les salles de classe : Mike Brandt, l'interprète de « C'est ma prière », « Rien qu'une larme », « Qui pourra te dire ? », s'est suicidé. Pour certains c'est la stupéfaction, d'autres sont indifférents, ou se moquent.

Le phénomène des idoles est à son comble dans ces années-là. Nous pleurons, aimons, grandissons, avec collés à notre oreille, Johnny, Sylvie, Françoise, Eddy, Cloclo. De « On ira tous au paradis » de Michel Polnareff à « Message personnel » de Françoise Hardy, de « L'Été indien » de Joe Dassin à « Porque Te Vas », tous ces airs font partie de nos repères intimes.

Mais la musique anglo-saxonne n'est pas en reste. Soft Machine, Yes, Genesis, offrent des solos de virtuose, tandis que Deep Purple pose les bases du hard-rock. Mais ce sont peut-être les Pink Floyd les véritables stars de la scène pop. « Money », paru sur l'album *The Dark Side of the Moon*, deviendra une chanson culte. Pendant ce temps, David Bowie crée des mélanges nouveaux, entre glam rock et musique soul, et ses maquillages et ses tenues de scène font sensation. Le chanteur de Queen, Freddie Mercury, prépare

Françoise Hardy, Jacques Dutronc, Polnareff, quelques-uns de ceux qui nous accompagnent.

avec *A Night at the Opera* le succès planétaire de *News of the World*. Les Rolling Stones enchaînent les tubes : en 1990, le groupe aura vendu plus de 200 millions d'albums dans le monde.

Il y a encore Patti Smith, Blondie, les Clash, mais aussi Marvin Gaye, Diana Ross, Stevie Wonder, ou Donna Summer et Bob Marley.

Tous ces artistes, nous les découvrons souvent pour la première fois en écoutant le soir, en cachette sous les draps, le « Pop-Club » de José Artur sur France Inter. Le générique restera gravé dans nos mémoires : « Vingt-quatre heures sur vingt-quatre / La vie serait bien dure / Si l'on n'avait pas le Pop-Club / Avec José Artur… » Chaque mardi, le présentateur décrit les dessins fraîchement publiés par *Charlie Hebdo* et *Le Canard enchaîné*. Les amateurs de variétés préfèrent le hit-parade d'André Torrent sur RTL. Ou « Les Routiers sont sympas » de Max Meynier, de 20 h 30 à minuit sur RTL aussi.

Le transistor devient notre compagnon, le complice de nos rêves et de notre puberté.

Nous retrouvons ces chanteurs dans *Actuel*, magazine dirigé par Jean-François Bizot. Ancré à gauche, il se penche sur toutes les contre-cultures et sur des sujets comme la drogue, le féminisme, le rock ou l'écologie. La première formule cesse en 1975 avec un certain panache : le journal se saborde, estimant ne pas se renouveler et ne rien avoir à dire dans l'immédiat.

Premières amours, premiers émois

À nous les petites Anglaises... Ce film n'est certes pas un chef-d'œuvre, mais sous ses airs un peu niais, il est pour beaucoup d'entre nous le premier film qui nous parle de notre vie réelle et de notre futur proche : une histoire de lycéens, de vacances en Angleterre, de premières amours... Fait rarissime, on y aperçoit une paire de seins, ceux de Sophie Barjac. C'est bath !

Les cours d'éducation sexuelle dispensés par nos parents comportant quelques zones d'ombre, c'est à nous de découvrir « les choses de la vie » par nos propres moyens... Et ce ne sont pas les cours timidement prodigués par l'Éducation nationale, qui tente tant bien que mal d'accompagner les changements de mœurs, qui nous apprendront grand-chose. La circulaire Fontanet distinguant l'information de caractère scientifique et hygiénique, de l'éducation et de l'éveil à la responsabilité, a laissé plus d'un chef d'établissement perplexe.

De manière inattendue, la publicité peut s'avérer fort instructive. Une jeune femme en jupe écossaise et sous-pull acrylique se cambre face à un miroir. « Voilà une femme qui sait tirer parti de sa silhouette », explique Playtex avec force schémas animés et fléchés sur les baleines croisées de son soutien-gorge. Les affiches de cinéma ne sont pas en reste : le regard lourd de sous-entendus de Sylvia Kristel sur celle du film *Emmanuelle* de Juste Jaekin, attirera plus de deux millions de Français. Les émissions de Ménie Grégoire, à qui des auditeurs posent des questions sur leur sexualité, diffusées très tard le soir, nous sont aussi d'un grand secours.

Les rapports filles-garçons ont d'ailleurs considérablement évolué ces dernières années. Les aspirations scolaires des filles dépassent dorénavant celles des garçons. Le divorce par consentement mutuel et celui pour rupture

À l'adolescence, qu'y a-t-il de plus ennuyeux qu'un déjeuner en famille alors qu'ailleurs tout est si formidable ?

de la vie commune sont légalisés. L'égalité des sexes n'est plus un vain mot, même si la question est loin d'être réglée. Signe des temps, il est parfois difficile de nous reconnaître de dos car la longueur des cheveux ne veut plus rien dire ; et nos corps minces, camouflés par des vêtements unisexes, accentuent notre côté androgyne.

Premières amours, premiers rapports sexuels.... L'âge de la première expérience a baissé (il est d'environ dix-huit ans contre vingt ans en 1960), mais c'est surtout sa signification qui a changé. Si autrefois le premier partenaire d'une femme était son conjoint, ce n'est plus le cas aujourd'hui. Et à part les grands-mères, les curés et les grands romantiques, il n'y a plus grand monde pour le regretter.

Silhouettes androgynes et premiers émois.

Découverte de Lucy

Le 30 novembre 1974, à Hadar en Éthiopie, dans le cadre de l'International Afar Research Expedition regroupant une trentaine de chercheurs éthiopiens, américains et français, est découvert un fossile complet à 40 % datant d'environ 3,2 millions d'années. Surnommée Lucy par ses découvreurs qui écoutaient « Lucy in the Sky with Diamonds » des Beatles en répertoriant ses ossements, elle a aussi reçu les noms de Birkinesh, Dinkenesh ou Dinqnesh, qui signifie « tu es merveilleuse » en amharique. Dotée d'une locomotion en partie bipède, elle a longtemps été considérée comme la représentante d'une espèce à l'origine de la lignée humaine, avant d'être écartée de nos ancêtres directs.

La découverte de Lucy, squelette le plus complet provenant d'une période aussi ancienne, s'est avérée très importante pour l'étude des australopithèques. Il s'agit probablement d'un sujet féminin, qui devait mesurer entre 1,10 m et 1,20 m et peser au maximum 25 kg.

À Saint-Tropez, la mode disco fait race.

L'habit fait le moine

L'audace est sans aucun doute ce qui définit le mieux la mode de ces années. Pour bouleverser les idées reçues et nous différencier des générations précédentes, nous osons les pois, les rayures, les superpositions, les paillettes, les associations de couleurs…

Si la mini-jupe avait fait son apparition en 1962, il aura fallu des années pour qu'elle rejoigne nos penderies (en 1967, le ministre de l'Éducation nationale les jugeait encore déplacées dans les établissements scolaires, « surtout mixtes ») – et aujourd'hui, nous n'en voulons plus. L'objet de notre convoitise est devenu le pantalon pattes d'eph' – mais attention : s'ils sont trop courts, on risque « d'avoir de l'eau dans les caves ».

S'inspirant des photos de Sarah Moon ou de David Hamilton, nous enfilons de grandes robes au style champêtre, sabots aux pieds. Ou un blouson en skaï noir au col en fourrure synthétique.

Peu à peu, la mode hippie s'essouffle et laisse place au mouvement punk, avec en tête de file les Anglais des Sex Pistols et les Américains des Ramones. Leur style vestimentaire s'impose parmi leurs fans : tartan, jean troué sous un kilt, épingles de nourrice, bracelet à clous et Doc Martens.

Les mères suffoquent et tentent sans succès de nous ramener à la raison avec des modèles repérés dans leur *Jours de France*, à coups de « mais si, c'est joli »...

À l'autre bout de la classe, la mode disco séduit les fans de Claude François ou de Sylvie Vartan. Ces minets passent leur temps au Drugstore, lisent *Salut les copains* ou *Podium*, portent des jupes volantes au-dessus du genou et des chemises cintrées largement échancrées, pour finalement imiter, le soir venu, en discothèque et en habits de lumière, Karen Lynn Gorney et John Travolta dans *La Fièvre du samedi soir*.

La mode hippie fait le désespoir des parents.

Cravate toujours, même le dimanche en famille...

C'est l'heure de
la crise d'adolescence...

« Frappez avant d'entrer »

Le mobilier de nos chambres est pour le moins hétéroclite : il reflète à la fois les avancées de notre époque et les errements de notre âge.

Nous sommes bien obligés de garder notre chambre d'enfant et ses meubles en aggloméré. Alors nous recouvrons les murs des posters que nous trouvons dans nos magazines : *Salut les copains*, qui offre des photos de nos chanteurs préférés en couleurs, *Mademoiselle âge tendre*, *Hit* et *Podium*, mais aussi les dessins de Cabu publiés dans *Charlie Hebdo* et sa « France des beaufs ». Les filles apprécient également les affiches rêveuses de Folon, voire un portrait de Mick Jagger à la chemise largement échancrée ou d'Iggy Pop torse nu. Nous punaisons nos idées politiques : le visage du Che, le « Why ? » d'un soldat américain qui s'écroule sous une balle de fusil, une manifestante contre la guerre du Vietnam avec sa fleur à la main, côtoient Jimmy Hendrix et Jim Morrison.

Devant ce spectacle, les parents horrifiés investissent dans un joli papier peint. Nous les tannons pour obtenir de grosses fleurs et des motifs psychédéliques qui font mal aux yeux. Devant le résultat, il arrive à certains de regretter Mick Jagger...

Certains investissent même chez Prisunic, enseigne qui s'est imposée dans notre vie quotidienne au point de devenir, dans les années soixante-dix, « l'emblème du renouveau dans notre pays ». Désireux de « rendre le design accessible à tous », le magasin propose des meubles colorés (rouge, orange, blanc), de nouveaux matériaux (la mousse), un mobilier combinable comme ces lits en tube, ces tables sur tréteaux, ces lampes boule, ces fauteuils en forme de poire remplis de billes de polystyrène...

Après une sortie au cinéma « entre potes » (*The Rocky Horror Picture Show* est le film culte du moment, que nous serons nombreux à voir et à revoir, briquets levés), nous refaisons le monde dans une odeur d'encens et de patchouli. Sans entendre les parents qui frappent à la porte de notre chambre : on fait ce qu'on veut maintenant, on a dix-huit ans !

La fin de la guerre du Vietnam

Début avril 1975, la région de Saigon est encerclée. Malgré les négociations internationales et l'accord de cessez-le-feu signé à Paris en 1973, les combats n'ont jamais vraiment cessé au Vietnam. Les troupes américaines ayant évacué le pays, les Sud-Vietnamiens avaient poursuivi seuls le combat contre le Nord-Vietnam et le Vietcong. Mais la prise de Da Nang, la ville portuaire, avait marqué le début de la fin pour les troupes sud-vietnamiennes. Le 21 avril, Nguyên Van Thiêu démissionne après que le gouvernement révolutionnaire provisoire du Sud-Vietnam ait demandé son départ comme condition sine qua non *de toute négociation. Le général Du'o'ng Van Minh annonce le 30 avril, la reddition sans concession des troupes du Sud. Des hélicoptères américains surchargés évacuent la ville, et les premiers* boat people *embarquent leurs passagers. Plus de 305 000 réfugiés monteront à bord des navires américains.*

La victoire des troupes communistes est totale. Divisé depuis 1954, le Vietnam est réunifié le 2 juillet 1976, de la frontière chinoise à la pointe de Ca Mau, pour créer la République socialiste du Vietnam. Saigon est renommée Hô Chi Minh Ville en l'honneur du précédent président de la RDVN.

Quatre-vingt états auront reconnu, d'ici juin 1975, le gouvernement révolutionnaire provisoire du Sud-Vietnam.

Souvenez-vous de vos premières années...

Un livre-cadeau vraiment personnel !

Les dix-huit années de notre enfance et de notre adolescence racontées dans un livre.

48 titres, de 1930 à 1977, sont déjà disponibles !

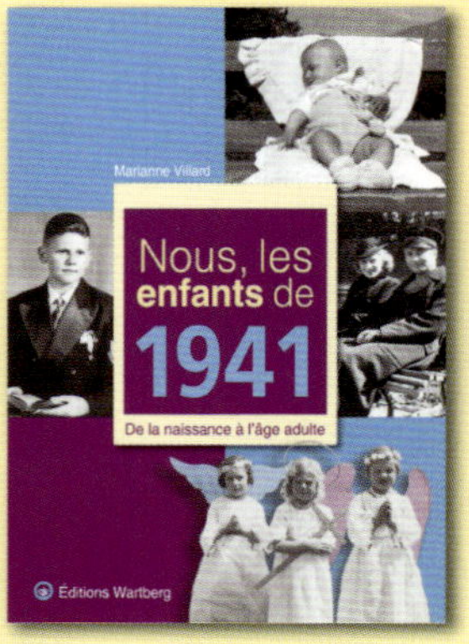

Et d'autres en préparation...

Éditions Wartberg
40, rue de l'Échiquier
75010 Paris

Diffusion – Distribution SOFEDIS
11, rue Soufflot,
75005 Paris
Tél. 01.53.10.25.25, Fax 01.53.10.25.26